Умные

Логопедические ТЕСТЫ

для детей 3-4 лет

Москва
«Махаон»

УДК 372.3/4
ББК 74.102
З-555

Земцова О. Н.

З-555 Логопедические тесты, 3–4 года. – М. : Махаон, Азбука-Аттикус, 2019. – 64 с.: ил. – (Умные книжки).

ISBN 978-5-389-12352-6

В этой книге вы найдёте самые разнообразные задания по развитию речи, предназначенные для занятий с детьми 3–4 лет. С книгой легко и удобно работать, и для малышей занятия превратятся в весёлую и увлекательную игру.

УДК 372.3/4
ББК 74.102

ISBN 978-5-389-12352-6

УВАЖАЕМЫЕ ВЗРОСЛЫЕ!

Эта книга предназначена для занятий с детьми 3–4 лет. С помощью собранного в книге материала вы сможете стимулировать речевое развитие ребёнка, научить его правильно произносить звуки, слова, фразы, чистоговорки и скороговорки. Каждый раздел книги посвящён отдельному звуку. Повторить изученный материал можно с помощью проверочных заданий, которые есть после каждого раздела.

Темпы овладения речью могут значительно отличаться у разных детей, поэтому в книге не даются строгие критерии оценки. Скорее задания служат ориентиром, к которому нужно стремиться.

Помните о том, что при занятиях с малышом важно создать положительный эмоциональный настрой. Выполнение упражнений должно вызывать у ребёнка только позитивные эмоции. Если поначалу ему трудно выполнить какое-либо задание, помогите, подскажите, где нужно. Давайте ребёнку достаточно времени на выполнение каждого задания. Обязательно хвалите маленького ученика не только за успехи, но и за попытки правильно произнести звук, слово или предложение.

Не забывайте активизировать речь малыша и в повседневной жизни, уделяя внимание не только изучению новых слов, но и пониманию речи окружающих. Не забывайте, что любые знания, умения и навыки в этом возрасте лучше всего усваиваются в игре.

Успешных вам занятий!

Отрабатываем звук С

Спустилось колесо:
«С-С-С».

Летят осы:
«С-С-С».

Произнеси слоги.

СУ СА СЫ СО

для взрослых

Отрабатываем твёрдый звук С. Проще всего проверять какой-либо звук, используя звукоподражание. Чётко проговаривайте предложения, звуки и слоги. Перед тем как произнести слог, обязательно проговаривайте полное название предмета.

Под сосной стоит скамейка.

Пёс Сэм сладко спит.

Самолёт летит высоко над лесом.

Для взрослых! Предложите ребёнку повторить за вами. Обращайте внимание на то, как правильно произносятся слова. Поправляйте ребёнка, если это необходимо.

Что у Саши? (Самосвал)
Что у Насти? (Коляска)
Что у Светы? (Бусы)
Что у Кости? (Самолёт)
Что у Славы? (Самокат)
Что у Ларисы? (Санки)

Саша

Света

Слава

Настя

Костя

Лариса

Для взрослых ! Попросите ребёнка повторить сначала имена детей и названия игрушек, а затем показать, у кого какая игрушка. Хорошо, если у ребёнка получается правильно произносить звук С в словах и именах.

Повтори чистоговорки.

СА-СА-СА –
у норы стоит лиса.

ОС-ОС-ОС –
на поляне много ос.

СЭ-СЭ-СЭ –
шёл автобус по шоссе.

СУ-СУ-СУ –
сова живёт в лесу.

Повтори скороговорки.

Наши сани едут сами!
Едут снежными лесами
В гости к вам –
За чудесами!

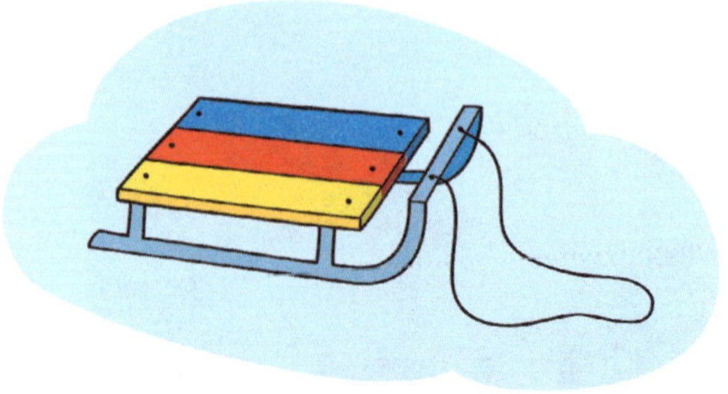

Шла Саша по шоссе
и сосала сушку.

С горки мы катались,
Упасть не боялись.
Ехали, смеялись,
Вдоволь накатались!

Вода льётся из крана: «С’-С’-С’».

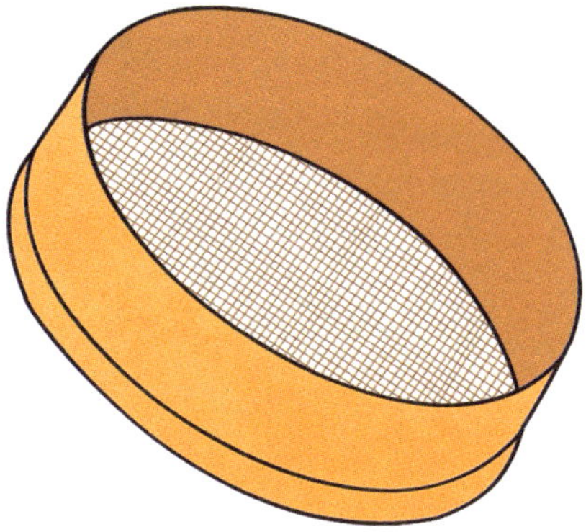

Мука сыплется через сито: «С’-С’-С’».

Произнеси слоги.

СЁ

СЯ

для взрослых

Отрабатываем мягкий звук С’. Хорошо, если вы не только приведёте пример, как правильно произносится звук, но и покажете наглядно – включите воду или просыплете муку через сито.

Назови картинки.

ВАСИЛЁК

ГУСЕНИЦА

ГУСЬ

ЛОСЬ

СИНИЦА

КАРАСЬ

Для взрослых! Проверяя произношение звука С', прислушивайтесь также к тому, как ребёнок проговаривает остальные звуки в словах. Хорошо, если он правильно произносит и другие звуки.

Повтори предложения.

Коты Барсик и Вася пьют молочный кисель.

Под сиренью беседуют Сеня и Сима.

Осенью мы собрали персики.

Для взрослых! Произносите каждую фразу отдельно. Следите за тем, как ребёнок повторяет фразу за вами.

Повтори чистоговорки.

СЮ-СЮ-СЮ –
дети кашу съели всю.

СЕ-СЕ-СЕ –
скачет белка в колесе.

СЯ-СЯ-СЯ –
жили-были два гуся.

СИ-СИ-СИ –
в водоёме караси.

Назови картинки. В названиях каких картинок есть звук С’, а в каких нет?

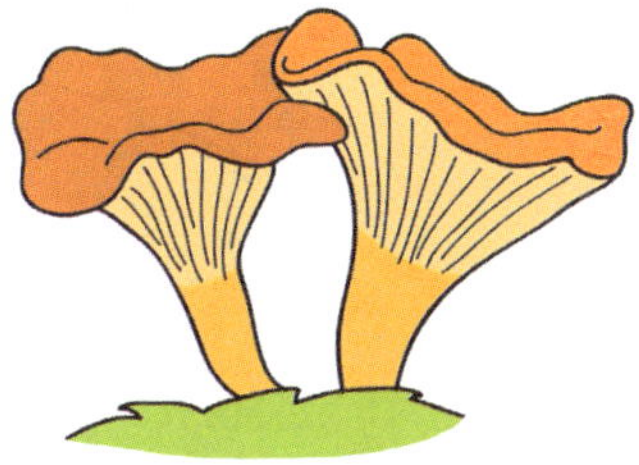

Отрабатываем звук З

Большой комар летит и жужжит: «З-З-З».

Повтори слоги.

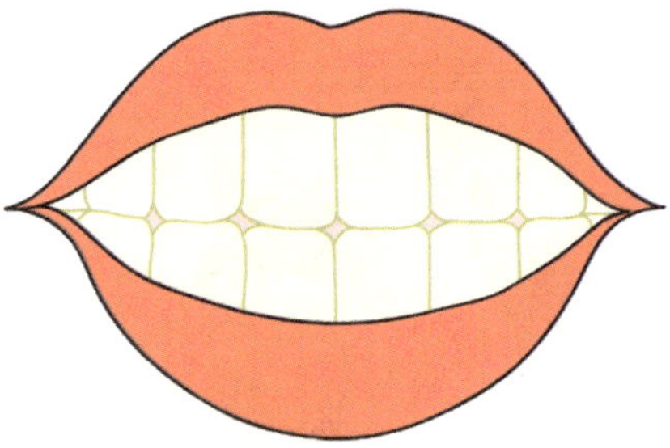

ЗУ

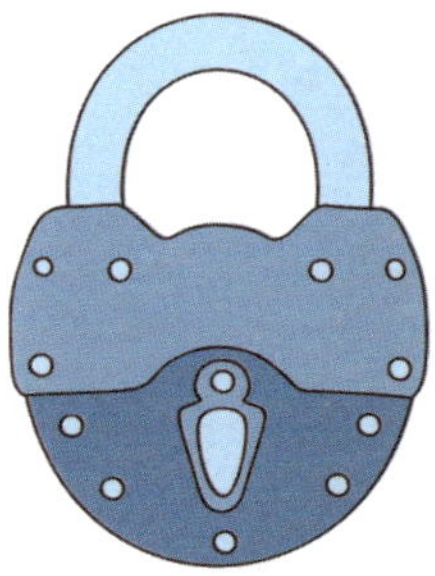

ЗА

ЗО

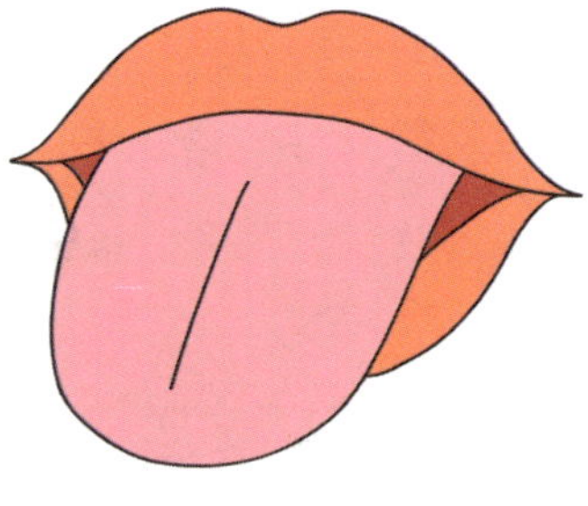

ЗЫ

для взрослых ! Попросите ребёнка изобразить, какой звук издаёт комар. Следите за тем, чтобы ребёнок чётко и звонко произносил этот звук.

МЕДУЗА –
МЕДУЗЫ

РОЗА –
РОЗЫ

БЕРЁЗА –
БЕРЁЗЫ

КОЗА –
КО́ЗЫ

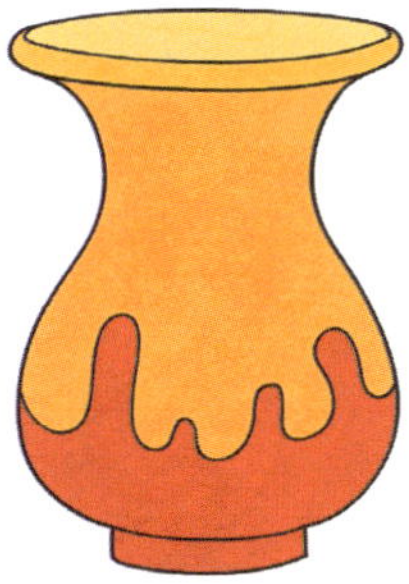

ВАЗА –
ВАЗЫ

МИМОЗА –
МИМОЗЫ

Для взрослых ! Обратите внимание, что произношение звука З в некоторых словах может даваться ребёнку легче или труднее.

Отрабатываем звук З

У Зои ваза с розами и гвоздиками.

У Лизы есть забавный зайка.

У Захара и Назара грузовик.

Для взрослых! Произнося слова и предложения, выделяйте голосом нужный звук, проговаривайте его чётко. Так ребёнку будет проще правильно повторить звук.

Повтори чистоговорки.

ЗА-ЗА-ЗА –
начинается гроза.

ЗУ-ЗУ-ЗУ –
Зина моется в тазу.

ЗЫ-ЗЫ-ЗЫ –
есть козлёнок у козы.

ЗА-ЗА-ЗА –
я смотрю во все глаза.

Проверочные задания

Ответь на вопросы.

Кто зимой белый,
а летом серый?
(Заяц)

Что открывают ключом?
(Замок)

Что спасает от дождя?
(Зонт)

Что дети делают по утрам?
(Зарядку)

Маленький комарик летит и жужжит: «З’-З’-З’».

Повтори слоги.

ЗЕ

ЗЮ

ЗИ

Для взрослых! Вспомните с ребёнком, какой звук издавал большой комар. А теперь пусть он изобразит звук маленького комарика. Следите за правильной артикуляцией звука З’.

Отрабатываем звук З'

ЗЕРНО

ЗЁРНЫШКО

ЗЕРНОВОЙ

ЗЕЛЕНЬ

ЗЕЛЁНЫЙ

ЗЕЛЕНЕТЬ

ЗИМА

ЗИМНИЙ

ЗИМОВАТЬ

Для взрослых! Попросите ребёнка повторить за вами слова. Обратите его внимание на то, что слова в каждой группе звучат похоже.

Повтори предложения.

Зина взяла в магазине корзину.

На зелёной поляне растёт земляника.

Зебра гуляет около озера.

Для взрослых! Хорошо, если у ребёнка получается правильно повторить за вами не только слово со звуком З’, но и предложение целиком.

Повтори чистоговорки.

ЗЯ-ЗЯ-ЗЯ –
без зонта гулять нельзя.

ЗИ-ЗИ-ЗИ –
в нашем озере язи́.

ЗЕ-ЗЕ-ЗЕ –
едет заяц на козе.

ЗИ-ЗИ-ЗИ –
ну-ка, зебра, нас вези!

Повтори словосочетания.

Я ЛЕЗУ
МЫ ЛЕЗЕМ
ОН ЛЕЗЕТ
ОНИ ЛЕЗУТ

Я ГРЫЗУ
МЫ ГРЫЗЁМ
ОНА ГРЫЗЁТ
ОНИ ГРЫЗУТ

Я ВЕЗУ
МЫ ВЕЗЁМ
ОН ВЕЗЁТ
ОНИ ВЕЗУТ

Отрабатываем звук Л

Спой вместе с девочкой: «ЛА-ЛА-ЛА».

Повтори слоги.

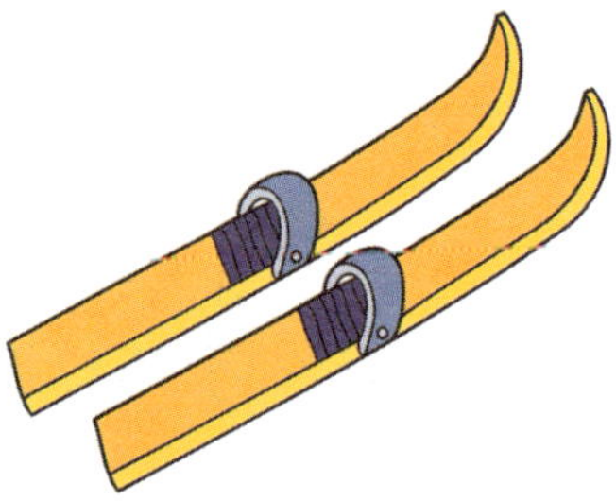

ЛЫ

ЛА

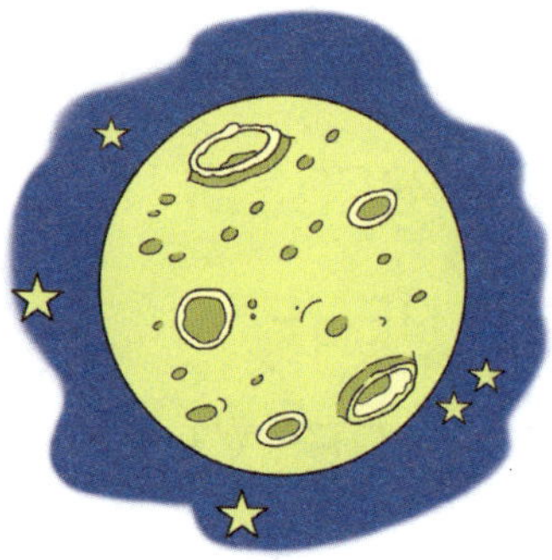

ЛУ

ЛО

для взрослых ! Отрабатываем твёрдый звук Л. Следите за тем, чтобы ребёнок не смягчал звук.

Ответь на вопросы.

Чем пилят дрова?

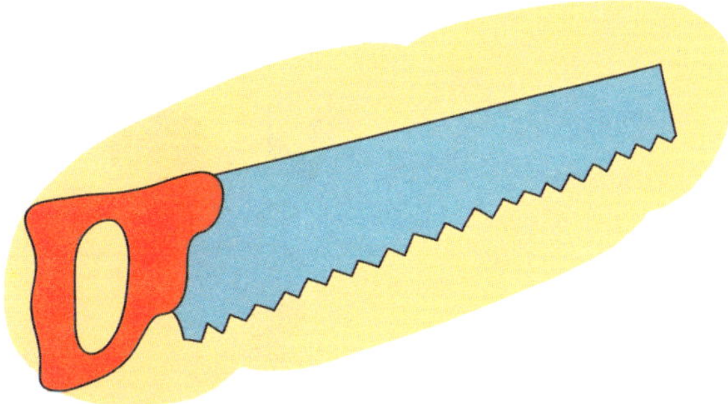

С чем играют девочки?

Кто делает мёд?

Чем едят суп?

Для взрослых! Прочитайте ребёнку вопросы, предложите ответить на них и показать нужные картинки. Если ребёнок затрудняется с ответом, подскажите ему. Обратите внимание на произношение звука Л в словах – нередко он заменяется другим или не произносится вовсе.

Повтори предложения.

Клоун Володя ловит голубей.

Мила мыла ладони мылом.

Клава и Слава плывут в лодке.

Для взрослых! Обращайте внимание, где ребёнок произносит звук Л более отчётливо: в начале, середине или конце слова.

Повтори чистоговорки.

ЛЫ-ЛЫ-ЛЫ –
мама вымыла полы.

ЛО-ЛО-ЛО –
у лошадки есть седло.

ЛА-ЛА-ЛА –
упала ложка со стола.

ЛУ-ЛУ-ЛУ –
запустила я юлу.

Повтори потешки.

Клава села у стола
и запела: «ЛА-ЛА-ЛА».

Николай лопату взял
И копал, копал, копал.
Посадил салат и лук
И тюльпанов целый луг.

Лошадь встала у стола:
«Я за яблоком пришла!»

Произнеси звук Л’ так,
как будто звенит колокольчик:
«ЛЬ-ЛЬ-ЛЬ».

Повтори слоги.

ЛЯ

ЛЮ

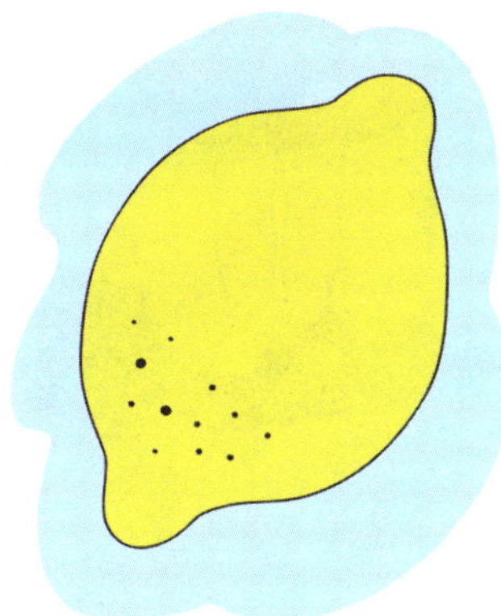

ЛИ

Для взрослых! Отрабатываем мягкий звук Л’. Часто ребёнку проще произнести мягкий звук, чем твёрдый.

Повтори имена детей ласково.

Оля – Оленька

Коля – Коленька

Поля – Поленька

Толя – Толенька

Юля – Юленька

Для взрослых! Хорошо, если ребёнок сможет повторить имена всех детей. Приведите ещё примеры имён.

Повтори предложения.

Алёна и Люба
пляшут на поляне.

На блюдце
лежит лимон.

Лёва и Лёня
посадили клён.

Следите за тем, чтобы ребёнок правильно повторял все слова со звуком Л’.

Повтори чистоговорки.

ЛЯ-ЛЯ-ЛЯ –
за лесами есть поля.

ЛЮ-ЛЮ-ЛЮ –
очень лето я люблю.

ЛЕ-ЛЕ-ЛЕ –
лежит булка на столе.

ЛИ-ЛИ-ЛИ –
уплывают корабли.

Повтори потешки.

Гули, гули, гуленьки
Прилетели к Юленьке.
Стали гули ворковать,
Стала Юля засыпать.

Мы из лейки
Лили, лили!
Все цветы
В саду полили.

Лиса, лисонька, лиса!
Ты гуляешь по лесам.
По лесам зелёным,
Мимо лип и клёнов.

Отрабатываем звук Ж

Как жужжит жук?

Какой звук издаёт мотоцикл?

Повтори слоги.

ЖУ

ЖА

ЖИ

ЖЕ

Пусть ребёнок покажет, какие звуки издают жук и мотоцикл. Если ребёнку трудно произнести звук, подскажите, как это нужно делать: «Это жук. Он жужжит: «Ж-Ж-Ж!» Не забывайте чётко проговаривать слоги и названия картинок.

Повтори названия картинок.

ЖУК

ЕЖИ

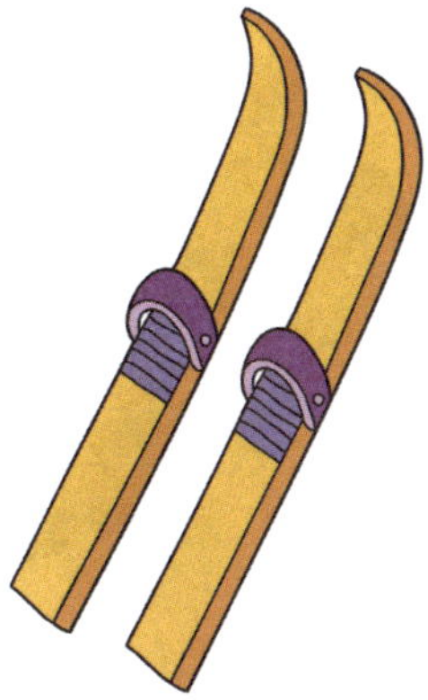

ЛЫЖИ

ЖЁЛУДЬ

ЖУРАВЛЬ

КРУЖКА

Для взрослых!

Следите за тем, чтобы ребёнок произносил слова чётко и внятно. Помните, что звук Ж – всегда твёрдый и звонкий.

Повтори предложения.

У сороконожки
много ножек.

Женя читает
журнал о животных.

В живом уголке живут жуки, ужи и ежи.

Для взрослых ! Обратите внимание на произношение слов со звуком Ж. Нередко дети заменяют этот звук другими звуками, звонкими или свистящими («жук» – «зюк», «сюк»).

Повтори чистоговорки.

ЖА-ЖА-ЖА –
мы в лесу нашли ежа.

ЖУ-ЖУ-ЖУ –
я вам сказку расскажу.

ЖИ-ЖИ-ЖИ –
ты мне бантик завяжи.

ЖЕ-ЖЕ-ЖЕ –
я на пятом этаже.

Закончи предложения.

Жанна держит в руке … . (флажок)
Жене купили … . (лыжи)
Жора ест вкусный … . (пирожок)
Дети надели кожаные … . (сапожки)
В Африке живёт … . (жираф)

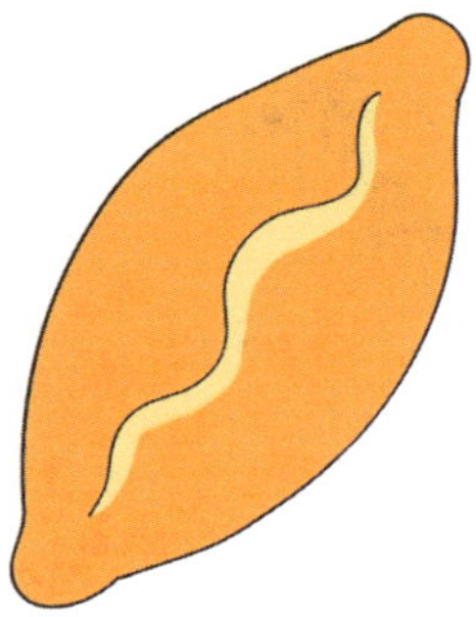

Как шипит змея?

Как шипит гусь?

Повтори слоги.

ША

ШУ

ШО

ШИ

ДЛЯ ВЗРОСЛЫХ ! Пусть ребёнок изобразит, какие звуки издают животные на картинке. Расскажите, какие ещё животные или предметы издают подобные звуки. Помните, что звук Ш – всегда твёрдый.

Назови картинки.

ШАПКА

ШАРФ

МАШИНА

КОШКА

КАРАНДАШ

КАМЫШ

Для взрослых! Хорошо, если ребёнок сам назовёт, а не просто повторит за вами, хотя бы одно-два слова. Обращайте внимание на то, какие слова со звуком Ш даются ребёнку легче, а какие – труднее.

Повтори предложения.

На вешалке висит шуба, шарф и шапка.
Бабушка вышивает ландыши.
На полу шуршит шустрый мышонок.

для взрослых

Обратите внимание, произношение каких слов со звуком Ш даётся ребёнку сложнее всего, где в этих словах стоит звук – в начале, середине или конце. Для тренировки предложите ребёнку слова, где звук Ш стоит там же.

Повтори чистоговорки.

ША-ША-ША –
мама моет малыша.

ШУ-ШУ-ШУ –
Саша кушает лапшу.

ШЕ-ШЕ-ШЕ –
сидит Шура в шалаше.

ШО-ШО-ШО –
мы играем хорошо.

Повтори потешки.

Мышонку шепчет мышка:
«Ты всё шуршишь,
малышка».

Солнышко-солнышко,
выгляни в окошко!

Я пишу, пишу, пишу –
очень в школу я спешу.

Девочка укачивает куклу перед сном: «Ч-Ч-Ч».

Повтори слоги.

ЧА

ЧУ

ЧИ

ЧЕ

Для взрослых!

Покажите ребёнку, как правильно произносится звук Ч. Помните, что звук Ч – всегда мягкий. При выполнении второго задания не забывайте называть и слоги, и слова полностью.

Повтори за взрослым или сам назови слова, в которых есть звук Ч.

Повтори предложения.

У Анечки горячий чай и печенье.

Олечка часто катается на качелях.

Вечером лодочка качалась на волнах на речке.

для взрослых !

Проверяйте правильность произношения звука в предложении. Обратите внимание, в какой части слова ребёнок произносит звук чётче – в начале, середине или конце.

Повтори чистоговорки.

ЧА-ЧА-ЧА –
свеча очень горяча.

ЧОК-ЧОК-ЧОК –
на листочке паучок.

ЧИ-ЧИ-ЧИ –
в поле чёрные грачи.

УЧ-УЧ-УЧ –
подойдёт к замочку ключ.

Повтори потешки.

Птичка, птичка, пей водичку,
Пей водичку, невеличка.

Чу-чу-чу, чу-чу-чу,
Калачей я наверчу.
Калачей румяных
Для гостей нежданных.

Ученик чертил чертёж,
У него в чернилах нос.

Девочка чистит одежду щёткой:
«ЩИК-ЩИК-ЩИК».

Повтори слоги.

ЩА ЩЕ

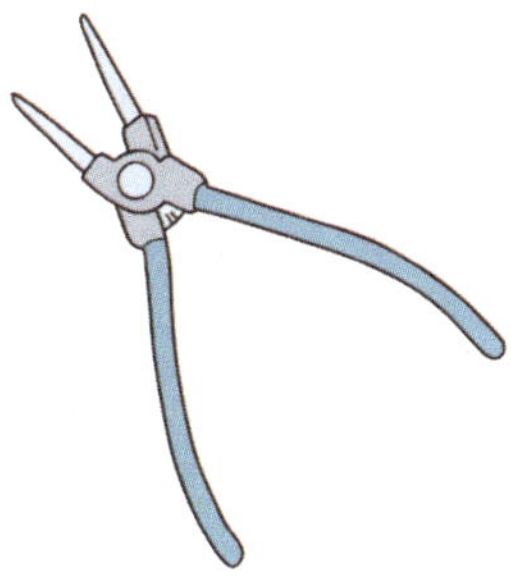

ЩУ ЩИ

Пусть ребёнок повторит звук. Помните, что звук Щ – всегда мягкий. Следите за тем, чтобы ребёнок не заменял звук другим, например не произносил слог «ся» вместо «ща».

Повтори слова.

ЩЁТКА

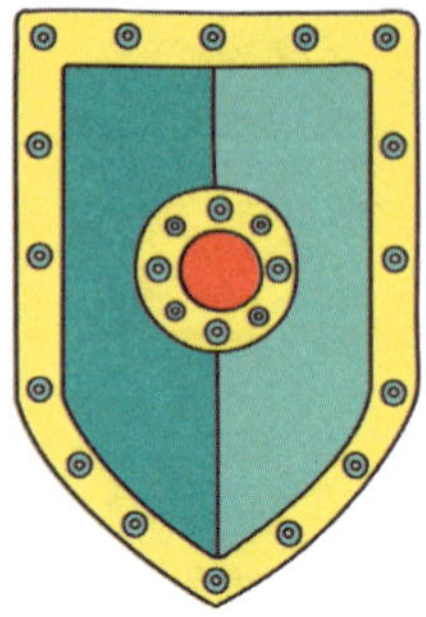

ЩИТ

ЯЩЕРИЦА

ЯЩИК

ПЛАЩ

ЛЕЩ

Хорошо, если ребёнок правильно повторит хотя бы половину слов – это говорит о том, что звук Щ присутствует в речи ребёнка.

Повтори предложения.

Девочка чистит плащ.

Два щенка тащат щётку.

Щука ловила леща.

ДЛЯ ВЗРОСЛЫХ! Не забывайте приводить ребёнку правильный пример произношения звука.

Повтори чистоговорки.

ЩА-ЩА-ЩА – в речке я поймал леща.

ЩУ-ЩУ-ЩУ – в парке я щенка ищу.

ЩО-ЩО-ЩО – мы хотим играть ещё.

ЩИ-ЩИ-ЩИ – мама нам сварила щи.

Измени слова по образцу.

Щенок – щеночек

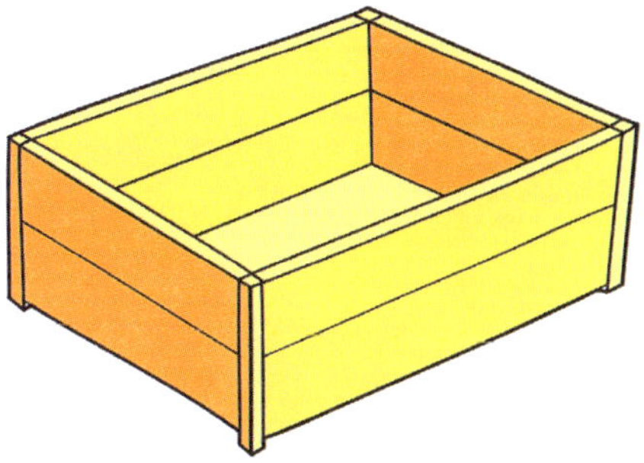

Ящик – ящичек

Щука – ...

Щека – ...

Щётка – ...

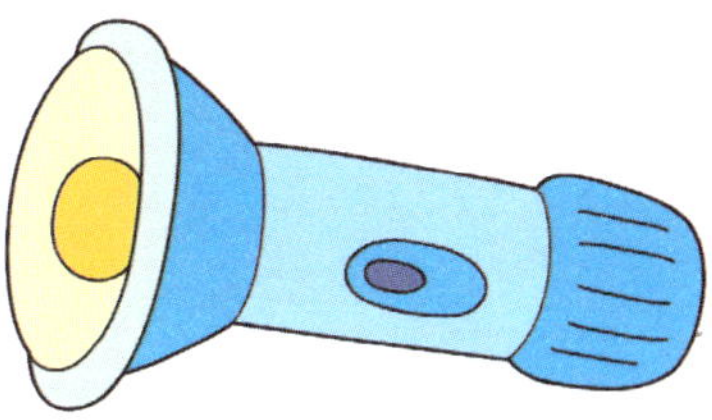

Вещь – ...

Отрабатываем звук Ц

Как мама просит дочку не шуметь?
Повтори: «ЦЫЦ-ЦЫЦ-ЦЫЦ!»

Повтори слоги.

ЦА

ЦЫ

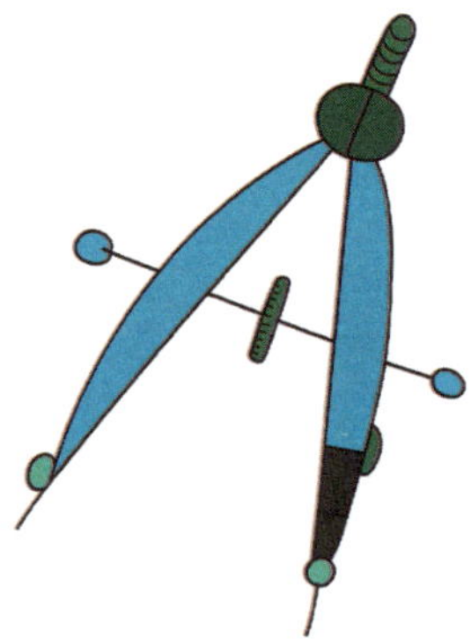

ЦИ

Покажите ребёнку, как правильно произносится звук Ц. Помимо слов на странице, вы также можете приводить в пример другие слова с этим звуком.

Повтори названия картинок.

ЦЕПЬ

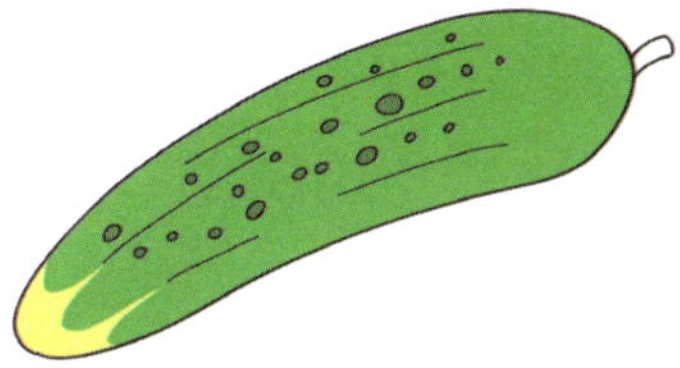

ОГУРЕЦ

КУРИЦА

ЦАПЛЯ

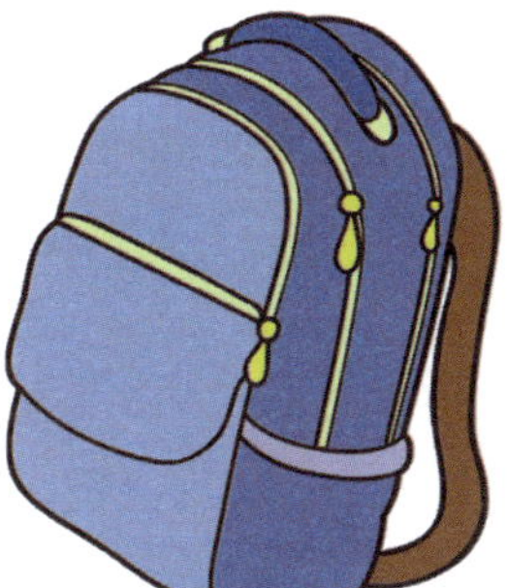

РАНЕЦ

ОВЦА

Для взрослых! Пусть ребёнок повторит за вами слова. Обратите внимание, где ребёнок более отчётливо произносит звук Ц: в начале, середине или в конце слова.

Повтори предложения.

У крыльца курица с цыплятами.

Во дворце живут принц и принцесса.

Гусеница сидит на цветке.

Для взрослых! Произносить чётко и правильно звук в предложении немного сложнее, чем в отдельном слове. Поправляйте ребёнка, если это необходимо.

Повтори чистоговорки.

ЦА-ЦА-ЦА –
у синицы два птенца.

ЦУ-ЦУ-ЦУ –
стучит дождик по крыльцу.

ЦО-ЦО-ЦО –
снесла курица яйцо.

ЦЫ-ЦЫ-ЦЫ –
наши дети – молодцы.

Проверочные задания

Повтори предложения.

Огурцы лежат
на блюдце.

На столе перец
и горчица.

У цыганки цветные
рукавицы.

С мельницы льётся
водица.

К платьицу
пришили пуговицу.

На циферблате
цифры.

Повтори звуки.

ОЙ-ОЙ-ОЙ

АЙ-АЙ-АЙ

ЭЙ-ЭЙ-ЭЙ

Повтори слова.

МАЙКА

ЧАЙ

СКАМЕЙКА

КЛЕЙ

Объясните ребёнку, что согласный звук Й – всегда мягкий. При выполнении второго задания можете привести ещё подобные примеры. Произношение этого звука в середине или в конце слова обычно даётся ребёнку легче.

Повтори слоги.

ЯН-ЯН-ЯН

ЕТ-ЕТ-ЕТ

ЮК-ЮК-ЮК

Закончи предложения.

Дети любят вкусный ... .

(йогурт)

Смородина, клубника, малина – это ... .

(ягоды)

Курицы несут... .

(яйца)

Для взрослых! Объясните ребёнку, что буквы Е, Ё, Ю, Я обозначают два звука, когда стоят в начале слова или после гласной. Произнесите эти звуки – «йе», «йо», «йу», «йа». Затем попросите ребёнка повторить за вами слоги и слова.

Повтори предложения.

Папа купил новый чайник.

В зоопарке живёт весёлая обезьяна.

У Яны дома живёт яркий, бойкий попугай.

для взрослых

Следите за правильным произношением звуков. Хорошо, если ребёнок может повторить за вами предложения.

Повтори чистоговорки.

ЁТ-ЁТ-ЁТ –
котик песенки поёт.

АЙ-АЙ-АЙ –
наступает месяц май.

ЭЙ-ЭЙ-ЭЙ –
сидит на ветке воробей.

ОЙ-ОЙ-ОЙ –
вырос я уже большой.

Повтори скороговорки.

Юла возле Юли крутится, поёт, Юле и Юре спать не даёт.

Ящерка яблоки на ярмарку в ящике везла.

Елена еле-еле ела, есть от лени не хотела.

Издание развивающего обучения
Для дошкольного возраста

Серия «УМНЫЕ КНИЖКИ»

Земцова Ольга Николаевна

ЛОГОПЕДИЧЕСКИЕ ТЕСТЫ ДЛЯ ДЕТЕЙ 3–4 ЛЕТ

Художник *С. Шульга*

Ответственный редактор *М. Бутикова*
Художественные редакторы *П. Подколзин, Ю. Разумеева*
Технический редактор *Т. Андреева*
Корректор *Т. Филиппова*
Компьютерная вёрстка *И. Лысова*

ООО «Издательская Группа «Азбука-Аттикус» —
обладатель товарного знака Machaon
115093, Москва, ул. Павловская, д. 7, эт. 2, пом. III, ком. № 1
Тел. (495) 933-76-01, факс (495) 933-76-19
E-mail: sales@atticus-group.ru

Филиал ООО «Издательская Группа «Азбука-Аттикус» в г. Санкт-Петербурге
191123, Санкт-Петербург, Воскресенская набережная, д. 12, лит. А
Тел. (812) 327-04-55
E-mail: trade@azbooka.spb.ru

ЧП «Издательство «Махаон-Украина»
Тел./факс (044) 490-99-01
e-mail: sale@machaon.kiev.ua

www.azbooka.ru; www.atticus-group.ru

Подписано в печать 15.01.2019. Формат 84x108 $^{1}/_{16}$.
Бумага офсетная. Гарнитура «Прагматика». Печать офсетная.
Усл. печ. л. 6,72. Доп. тираж 12 000 экз. U-UK-20385-04-R. Заказ № 00325/19.
Дата изготовления 15.02.2019.
Срок службы (годности): не ограничен.
Условия хранения: в сухом помещении.

Отпечатано в России.
Отпечатано в соответствии с предоставленными материалами
в ООО «ИПК Парето-Принт». 170546, Тверская область,
Промышленная зона Боровлево-1, комплекс № 3А
www.pareto-print.ru

Знак информационной продукции (Федеральный закон № 436-ФЗ от 29.12.2010 г.) 0+

Товар соответствует требованиям ТР ТС 007/2011 «О безопасности продукции,
предназначенной для детей и подростков».